Diese Frühgeburten im Orbit

ALFRED ILK

Diese Frühgeburten im Orbit

Galaktische Gedichte

Bibliografische Information der Deutschen Nationalbibliothek:
Die Deutsche Nationalbibliothek verzeichnet diese Publikation
in der Deutschen Nationalbibliografie; detaillierte bibliografische
Daten sind im Internet über
http://dnb.d-nb.de abrufbar.

© 2008 Alfred Ilk
Umschlagbild © Heikenwälder Hugo – www.heikenwaelder.at
Satz, Umschlagdesign, Herstellung und Verlag:
Books on Demand GmbH, Norderstedt
ISBN: 978-3-8334-8714-9

I.

Der Funke aus dem Chaos sprang

ONTOLOGIE

Adam wurde hohl kreiert,
durch Gebläse animiert.
Eva war danach Kopie,
mit der Falte überm Knie.

Die Kinder Kain und Abel
erkennt man an dem Nabel.
Diese Narbe wird sistiert,
sobald man Klone praktiziert.

Man sagt, dass im Gehirn
Programme existiern
aus Adams Zeit und Leben
geprägt und eingegeben.

Da tanzen die Synapsen
mit pelzverbrämten Strapsen
uns Schiwa-Rhythmen vor
am Schlangen-Himmel-Tor.

Da hudeln Ungeheuer
wie Hexen um das Feuer
und Zwerge zwacken Riesen,
die sich zu Tode niesen.

Noch kurz vor dem Erwachen
bist du im Nest der Drachen
und lebst in neuronalen
gespeicherten Annalen.

So wie das All
nicht zeigen kann,
wann es zumal
und wie begann,

erinnert auch
der Mensch sich nicht
an die Geburt
aus Mutters Bauch.

Gynäkologisch
heisst es dann,
dass es mit einem
Schrei begann.

Ob Schrei, ob Knall,
der Anfang bleibt
als Sonderfall
kausal verleibt.

Wie das Spermium ums Ei
schwänzelt, dreht und tänzelt,
schwirren wir Global-Mutanten
lustbefohlen durch das All,
jener Hochzeit nachzufahnden
alias dem ersten Knall.

Mythische Experten meinen,
schon beim ersten Blitz
war die Lust, sich zu vereinen,
ein Gesetz-Indiz:
expandiertes Licht in Wellen,
kalkulierlabile Quanten
sind in liebestollen Zellen
reziprok entstanden.

Ergo sei die Lust zum Ei
schon „ad libidum" dabei.
Freilich war der Anfang grob,
doch er klärte sich, gottlob!
Aus chaotischer Allüre
sublimierten Liebesschwüre.

Ich lieb die Theorie, wonach

der Funke aus dem Chaos sprang
und atomare Singles zwang,
sich eins, zwei, drei zu binden,
um Sphären zu begründen.

Das war gewiss ein Hochzeitsrausch!
Natürlich war auch Partnertausch
und Ehebruch und Liebelei
und Techtelmechtel mit dabei.

Woher der Funke hin und zu,
hinein, herab, hinauf, hinunter
in dieses To-Wabo-Hotu
blitzschnell und wie ein kunterbunter

Regenbogen sprang und schien,
um zu entzünden und zu glühn,
hat Theorie nicht definiert –
und darum wird noch spekuliert.

On dit, derselbe Funke sei
wie Bottle Imp in einem Ei
noch irgendwo im Hinterhalt
auf Chaos aus mit Urgewalt.

Vier Milliarden Jahre kreisste
Gäa in der Dunkelheit.
Feurige Empfängnis schweisste
Föten in den Leib der Zeit.

Endlich platzte ihre Haut
und gebar ein Unikum,
das bewusst den Himmel schaut
und den Raum im Vakuum.

Stürmisch lebt es im Verlangen,
seiner Mutter zu entfliehen,
neue Welten einzufangen
und im All herumzuziehen.

Gäa, noch im Wochenbette,
wärmt den frisch gebornen Sohn,
dieser zerrt an seiner Klette,
lachend wie Euphorion.

X Milliarden später werden
Eltern aus dem Kosmos richten
über Gäas Fluchtgebärden
mit galaktischen Gedichten.

Man sagt, man glaube,
dass Kometen-Staube
mit Sperma und mit Sporen
die Erde auserkoren
für polymorphes Sein.

Man sagt, der Kosmos wäre
der blauen Atmosphäre
der Erde zugetan –
sie sei in seinem Plan
die Blüte der Materie.

Ein Garten im Stellaren
als Korso zu befahren?
Juwel der Raumdurchquerung
bei strahlender Verehrung
und schweifender Eskorte?

Es ist nicht leicht, zu glauben,
dass wir die Liebeslauben
galaktischer Galane
im Sonnenwind
geworden sind.

Man sagt, es sei schon lange her,
da war die Erde wüst und leer.
Sie torkelte und hängelte
mit ihrem Mond am Gängelte
im Spielplatz der Trabanten
mit anderen Verwandten.

Sie kreischte in die Leere
den Wunsch nach Atmosphäre,
beneidete Kometen,
weil sie doch Schweife hätten.

Sie kokettierte lange
mit ihrer coolen Wange,
bis endlich ein Kometchen
den Schweif verlor ans Mädchen,
das fortan Gäa hiess
mit Staub aus Sternenvlies.

So scheint es nun bewiesen
mit vielen Expertisen,
dass Puder aus Astralem
der Anfang war von allem
und auch der Sündenfall
verursacht war durchs All.

Die Sterne, unsre Väter,
verehren wir im Äther,
geprägt mit Fernwehsehnen
in transzendenten Genen.

Man sagt, wobei man „man"
nicht definieren kann –

also, man sagt, vor ding
Millionen Jahren fing
das Leben auf der Erde an.

Und man glaubt,
wenn überhaupt,
dass es gewollt begann.

Der Zufall wird doch definiert,
wenn aus dem Chaos etwas wird:
dabei ist Wollen integriert.

Woher, wodurch, wozu, warum
der Wille kam, ist wiederum
nicht wirklich eruiert.

Man sagt, wobei man man
nicht kennt und definieren kann,
also, man sagt, dass bei
der Reise um die Galaxie es zwei
Geleise und Stationen gäbe,
wo kontrolliert und inspiziert
wird für die Raummassstäbe.

Ob mit Quanten oder Wellen,
ist vorerst nicht festzustellen –
vielleicht ist alles nur
ein Testobjekt der Raumstruktur.

Man könnte sagen: Er war eitel,
konsequent geheimnisvoll,
unfigürlich ohne Scheitel,
namenlos im Protokoll.

Er, nur Er, nicht Sie und Es,
inklusive Seiner Kinder,
war der Richter im Prozess
für Gerechtigkeit und Sünder.

Eitelkeit und Eifersucht
(darf man das schon sagen?)
trieben kürzlich Ihn zur Flucht
vor profanen frechen Fragen.

Sein Asyl – der Raum, das All –
ist ein Rebus der Gestirne.
Apfel wars beim Sündenfall,
jetzt vielleicht codiert als Birne.

Abgesehn vom Gott, der schweigt
und sich nur Eliten zeigt,
sind die Göttlichen der Erde
vom Geschlecht der Naturalen
und die Heiligen der Herde
spielbereit für die Globalen.

Helios, der Strahlenspender,
war schon immer ein Verschwender
und verschenkt mit Euphorie
selbstbewusst die Energie.
Auch im All sind seine Winde
triebsbereit fürs Raumgesinde.

Aiolos, ein ziemlich flottes
Götterkind, der tändelt viel:
mit dem Atem eines Gottes
gibt er Bergen sein Profil,
dreht und wirbelt gern im Losen
ist verliebt in Windfangrosen

Mit dem Gabelmann Neptun,
kinderreich und vielgestaltig,
hat der Mensch schon lang zu tun.
Seine Kraft ist so gewaltig,
dass ein Spiel mit ihm geniert,
weil er gar nicht gern verliert

Wenn auch manchmal die Begleiter
Gäas Kinder ungestüm
(apokalyptisch wie die Reiter,
stürmisch wie ein Ungetüm)
ängstigen oder schockieren,
sollten wir das Spiel riskieren!

Oh Mann! Man sagt, der Urknall sei
aus einem nicht vorhandenen Ei
mit Zeit und Licht geschehen
wie eine Schossgeburt, wobei
der Schoss das Dunkle sei,
auch Mitgeburt der letzten Wehen.

Plazenta ist in diesem Fall
schon pränatal und nach dem Knall
der dunkle Kuchen für das All,
von dem die Zeit und Licht als Paar
geboren und entbunden war.

Die Nachgeburt sei deshalb noch
im Raumkreisssaal als schwarzes Loch,
das wiederum und komprimiert
verschlingt, was war und existiert.
Aus Nichts zu Nichts war immer schon
at Interim ein Trost im Ton.

Ist Er noch irgendwo,
der damals die Verwirrung in
den Bau der Himmelsstürmerin
Astarte fast wie ängstlich warf,
und so sein Reich bewahrte?

Jetzt sind sie polyglott
und können fliegen
wie seine Wächter cherubinisch.
Was steht demnächst in Seinem Plot
geschrieben als bedachtes Finish?

Hat Er den Vorhof Seiner Himmel
vorkalkuliert nur aufgegeben,
wo sich bereits ein schwebendes Gewimmel
von Babyloniern bewegt
und integrale Netze webt?

Er lacht vielleicht bewusst
zurückgelehnt ins heilige Nichts
als Demiurg des Raumgerichts
und überlegt, ob diese Menschenlust,
Ihm gleich zu sein, Sein Fehler ist.

Im WWW Punkt Alpha Google
versteckt sich eine blaue Kugel,
zur Hälfte fahl und blendend klar
mit Link zum Service-Modular.

Die Luntenschnur glimmt aus dem All
mit Sternenstaub und Schuppenfall,
Materie flieht – das Festprogramm
ist eingebrannt im CD–Ram.

Im Bloggertext begegnet man
molekularen Menschenclan,
chaotisch noch vor dem Kalkül
Fusionsverliebter im Gewühl.

In Fenstern und den weitren Seiten,
wo sich die Philosophen streiten,
die Götter ins Gerede kommen
in Dissonanz mit Anti-Frommen,

sind auch die Liebe und das Geld
als Netz-Offerte aufgestellt:
Wie Pythia einst mit dem Orakel
das Glück versprach oder Debakel.

II.

Neue Sichten vom Raumschiff Erde

Physikalisch, astronomisch,
biologisch auch geklärt
ist die Erde physiognomisch
ein gar rares Raumgefährt.

Atmosphärisch wie in Watte
eingepackt umkreiset sie
in bedenklicher Debatte
mit der Welt die Galaxie.

Weit von aussen aus dem All,
unter anderen Planeten,
gleicht sie einem blauen Ball
mit bizarren Riester-Nähten.

Weiss und eisig sind die Pole
und der Bauch ein tiefes Becken,
aufgefüllt mit einer Sole
unter Wanderwolkenflecken.

Und auf diesem Sterntrabanten
wimmelt es von Lebewesen,
die sich bisher nirgends fanden
im unendlich Ominösen.

AUS BLAUEM BAND

„Was trauerst du
und klagst sogar
die Nacht dazu,
weil ich mich von
der Sonne wende?

Du Ignorant!

Ich schütze dich
als Karussell
im Gondelsitz
ganz fürsorglich
vor allzu langer Blende.

Hast du Verstand?

Dann lehn dich an,
geniess die Fahrt
im Wechselspiel
der Strahlenart,
die ich dir täglich spende.“

Geokreisels Attraktionen
sind die Reisen mit dem Ziel
orbitaler Raumstationen.
Astronauten in Zivil,
Astronomen und so weiter
schildern uns: Der Blick zurück
auf die Erde mit Begleiter
sei ein transzendentes Glück.

Stell mir vor: Ein Karussell,
bunt bemalt und orgelpfeifend,
schwingt Figuren am Gestell,
kettensicher, raumausgreifend.
Jauchzend in den Sitzen fliegen
Weiterwollende hinaus,
um den Schwindel zu besiegen
in dem abgeschirmten Haus.

Zu erleben, wie die Erde
ihre Götterwelt bewegt,
wie sie ihre Feuerherde
und das Eisige erträgt,
blau wattiert mit Atmosphäre,
mit den anderen Trabanten
um die Sonne in die Leere
reist zu mythischen Verwandten!

Esoterische Geleise
führen sie durchs Vakuum,
Sternenstaub, Kometeneise
schenken sich ad libitum.
Irgendwo begegnet sie
auf der Fahrt im kalten All
in der Bahn der Galaxie
ihrer Schwester aus Kristall.

Gäa, die Gebärerin
unter blauem Baldachin,
träumt, mit ihrem Kindersegen
den Geschwistern zu begegnen:

Nicht nur Winken und Kusshändchen
werfen und dazu ein Ständchen
über Radio, sondern auch
Vollkontakt mit Kopf und Bauch.

„Wie gehts Jupiter, dem Grossen,
nach den feurigen Geschossen?
Wie gehts Mars und seiner Frau,
meiner Tochter, nach dem GAU?

Seht ihr schon die Konstruktionen
orbitaler Raum-Neuronen
mit Synapsen im Gehirn
den Besuch-Antritt probiern?

Auf ein baldiges Begrüssen
mit den schwerelosen Füssen
üben in den Raumstationen
meine Kinder schon das Klonen.“

„Ach“, meint Luna sehr bedenklich,
wie sie also überschwänglich
Gäa vor sich träumend schaut:
„Etwas schwärt in ihrer Haut!“

„Ha!", rief kürzlich ein Komet,
als er fast die Erde streifte,
„scheint, dass da ein Hirn entsteht
in der Hülle, die sich dreht
um den Blauen, der nie schweifte.

Seinem Schädel aufgesetzt
zeichnen graue Schwebekästen
Funken sprühend und vernetzt
wie Synapsen mit den Ästen
neuronal codierte Gesten."

„Ha!", sagt der Komet zu sich,
„das erzähl ich den Geschwistern,
diese Welt ist wunderlich.
Oder soll ich nur für mich
das Geschaute flüstern?"

Auf dem Weg ins All verlor
der Komet sein Flüsterohr.

Erst als der Mensch das Blau durchschaute,
traute er dem Zelt nicht mehr,
das ihm einst ein Gott erbaute
vor dem Blick ins Sternenmeer.

Sicher hat Ers gut gemeint,
denn die Aussicht durch die Hülle,
die das Tageslicht verneint,
gähnt entleert vertrauter Fülle.

Echolose Weiten dehnen
sich und die Ingredienz
bleibt verborgen, und mit Sehnen
sucht der Mensch nach Aliens:

Irgendwo im Uferlosen
schwebt vielleicht die Schwesterwelt
als Geschenk von einem Grossen,
der den Überblick behält.

Wenn sich der Himmel nachts entfärbt
und Aussicht frei gibt in die Leere,
die Augen endlich zeltenterbt
durchschaun die Atmosphäre,

dann können sie die Räume sehn,
wo Sonnen und Planeten kreisen,
imaginär gesteuert drehn,
Perpetuum uns zu beweisen.

Wir ahnen nachts die Partitur,
die ohne Ton am Firmament
und ohne Zeilenstrichkontur
geschrieben scheint wie ein Präsent.

Es üben schon die Instrumente,
Musik zu machen nach dem Takt
im galaktischen Gelände –
Virtuosen sind gefragt!

Leider legt sich wieder gräulich
auf die Nacht schließlich der Tag,
und ein Filter trüb und bläulich
täuscht die Augen mit Belag.

Sonne löscht den Blick ins Weite,
koloriert die Luft und blaut
gut verdeckt die schwarze Seite,
wo ein Raumexperte baut.

Ach, Luzifer,
du bleibst ein Schuft!

Erst hast du Luft
mit Sonnen-Licht geblaut
und eine Hülle vor
das Firmament gebaut.

Das war ein Clou.
Jetzt zauberst du

Licht-Nacht-Hauben über
Städte, dass die Sicht
in den gestirnten Raum
unmöglich wird bis kaum!

Ach, Luzifer,
du bist ein Schuft –
als Kreateur
opaker Luft.

Der Himmel,
die Chamäleonhaut,
ist Schimmel jetzt,
hat ausgeblaut,
zerfliesst am Horizont
und löst die letzten
Farben auf, gibt frei
den Blick ins All
der Sternensakristei.

Die Menschen
haben Mist gebaut
und suchen
im Debakel
den Ausweg
aufwärts jetzt
und dazu ein
neues Tabernakel.

Die Reise durch die Galaxie,
so Astronomen, sei gefährlich.
Doch bislang machte niemand sie,
also erscheint sie nur beschwerlich.

Denn die paar Bilder, die wir sahen
von dem und jenem Raumausflug,
begriffen wir nur in dem nahen
Gesichtsfeld unter Selbstbetrug.

Lasst uns den Zodiak bestaunen,
baut grösser noch die Teleskope!
Verlasst den Zustand der Alraunen
zur Schau der Astro-Biotope!

Von schwarzen Löchern und Quasaren,
von roten Riesen ist die Kunde –
Die Sonne wird uns wohl bewahren,
wie öfter schon, auf ihrer Runde.

Ich glaube der Physik mitnichten,
was hat sie alles schon bewiesen!
Ich freue mich, ganz neue Sichten
vom Raumschiff Erde zu geniessen.

Bewusst – ja wohl nicht ganz
global bewusst – vermischt
mit Angst und Frust und Lust
der Wissenschaftspopanz
geht es zum ersten Mal
ums Loch im Himmelsbauch
der grossen Galaxie,
der Heras Brust mit Qual
des starken Säuglings auch
das Bild der Milch verlieh.

Die Laktation verwischte
die Pixelwelt im Raum
und Herkules Geschichte
schwimmt immer noch im Schaum.
Erst mit den neuen Augen
von Hubbles Instrumenten
durchschauen wir die Laugen
in All und Firmamenten:
Entgöttert ist der Himmel,
geklärt der Astroschimmel,

entdeckt sind auch die Leeren,
die Fliehkraft und der Sog,
die Liebe zwischen Schweren
und Leichten analog.
Noch reisen wir im Kreise
nach Zodiaks Geboten
auf wiederholter Weise
und planvoll wie nach Noten.
Doch Sternforscher beteuern,
dass wir ein Loch ansteuern.

Haben Hades und die Hölle
als Inferno ausgedient,
ist das Schattenreich zur Völle
ins Unendliche gebeamt?

Dort, wo einst die Götter wohnten,
überm Sternenzelt und weiter,
oszillieren Acheronten
ohne Charon als Begleiter.

Lichtverführt und hoffnungsvoll
sind wir auf der Reise,
Rätselnde am Protokoll
eingeweihter Kreise.

Schwarzen Löchern zugesprochen
fliegen wir ganz unter uns
zerberusbefreit zum Rochen-
Rachen dieses Vakuums.

Die Erde hat in sich versammelt,
was Menschenwitz mit Fleiss vergammelt:
Aus totem Stoff in ihrem Bauch,
gewinnt er Kraft und heissen Rauch.

Grosszügig, wie er immer war,
empfahl er Haus und Mobiliar,
auch Milben, Laus und Viren
ein fusioniertes Existieren.

Und weil er feststellt, dass es kalt
im Weltall sei, beheizt er jetzt
den Raum rundum zum Aufenthalt –
eventuell zu guter Letzt.

Die Flöhe im Pelz,
die Menschen im Wald,
haben das Dickicht verlassen.

Jetzt trampeln sie
statt Pflanzen Asphalt
und pflastern damit die Gassen.

Sie züchten sich Wirte
und zapfen das Fass
gespeicherter Fossilien

und holen aus Tiefen
das treibende Gas
für ihre Stahlmobilien.

Die Parasiten
aus dem Wald
evolvierten zu Wesen,

die auch den Himmel
mit Gewalt
erobern mit Prothesen.

Früher sank zur Abendzeit
lautlos, langsam, light & bright
vom Himmel her ins Ried
der Venus Abschiedslied.

Jetzt steigen im Minutentakt
die Lichter blinkend, schwer bepackt,
dröhnend laut und dumpf:
Stahlkolosse überm Sumpf.

Morgen werden, noch bevor
der Astronom verlässt sein Rohr,
auf neu gesteckten Anflugstrecken
Motoren wieder Vögel wecken.

Das Heulen der Winde,
das Rauschen der Meere,
der Lärm und der Krach
gehn nicht übers Dach
der Erd-Atmosphäre.

Auch die Explosionen
der Weltraumkanonen
und Lunaraketen
sind lautlos und stumm
im Raum-Vakuum.

Kein Schrei, kein Gejammer,
kein Flehen, kein Beten,
kein schrilles Trompeten
verlässt diese Kammer
der Erde als Schall.

Kein Echo im All,
kein Ohr für Gesänge,
kein Transfer für Klänge –
die Leere ist taub.
Vielleicht trägt der Staub

auf unserer Reise
auf eiligste Weise
mit Sol und Geschwistern
ein globales Knistern,
ein wolkiges Flüstern
aus unserer Zeit.

Schade, wenn es stimmt,
dass kein Ohr den Schall vernimmt,
den die Erde mit sich dreht
und in alle Winde weht.

Immer ist ja irgendwo
Frühling im Kalender
und die Vogelwelt funkt froh
aus dem Kehlkopfsender.

Durch das Manko in der Leere
ausserhalb der Atmosphäre
bleibt auch Knall und Dissonanz
ohne Ohren auf Distanz.

Auch die Sphärenharmonie
ist demnach nur Fantasie
und symphonische Gebilde,
musikalisch für das Ohr,
sind im leeren Raumgefilde
wie ein taubstimmloser Chor.

Astronauten sind darum
ohne Lärm im Vakuum
digital vokalisiert,
physikalisch schallstorniert.

Reist vielleicht Milliarden später
ein Inspektor durch den Äther,
um die Erde zu betrachten
mit den Spuren letzter Schlachten?

Ist Bedauern zu erwarten,
weil kein Leben mehr, kein Garten,
nichts Bewegliches, kein Meer,
auch kein Puls von Innen her?

Ist vielleicht ein Dokument
jenem Weltallinspizient
aufgefallen oder nur
eine Mozart-Partitur?

Oder die F-Dur-Sonate,
die selbst ohne Schall erklang
und im Ohr beim Anblick sang,
wenn man Notenkenntnis hatte!

Hat der Raumpostmann Berichte,
der verbürgten Erdgeschichte
biographisch schon vor Zeiten
definiert mit Endlichkeiten?

War der Wunsch vom Anfang an,
dass was bliebe, nur ein Wahn,
Illusion, Betrug und Frust,
evolvierter Geisteslust?

Oder reist Milliarden später
noch Bewusstsein durch den Äther?

III.

Mit Lichtgeschwindigkeit zu schwarzen Löchern

Dafür oder dagegen,
wie die Natur es schafft,
kann Menschenwitz bewegen
mit seiner Geisteskraft.

Die Babys können tauchen,
das liegt in der Natur,
was sie zum Fliegen brauchen,
lehrt Technik und Kultur.

Die neu gebauten Kinder
bevölkern schon das Zelt,
das liest bereits ein Blinder
in seiner Pixelwelt.

Geklont sind die Gedanken,
kreiert sind ohne Nabel
Roboter ohne Schranken
zur neuen Zeit nach Abel.

Sind die Lifte in die Atmosphäre
nur die Saltos in die Leere,
Jahrmarktsfeste von Gehirnen,
Puppenspiele vor Gestirnen?

Taumeltanz und Purzelbäume,
schwerelose Ruderräume
testen im Aquarium
Föten fürs Stellarium.

Vor dem Bauch im Vakuum
wartet schon ein Gremium
fitter Raumgynäkologen
mit Geburten-Fragebogen.

Gäa ist in Menschenhand
und gebiert demnächst Verstand
genialer Geisterväter
klonmutiert im kalten Äther.

EUPHORIONS KLON

Ich bin es, dem das Licht begegnet,
ich bin der Widerstand, ich bin opak,
bin nicht gemacht, Gefäss zu sein.
Und wo die Sonne Blumen segnet,
bin ich Kristall und Widerschein.

Ich lob die Wolken, wenn sie dunkeln,
ich lieb die Nacht im schwachen Licht,
den blassen Mond im Sternenfrack,
die Somnambulen, eh sie funkeln
mit Traumgrimassen im Gesicht.

Ich will kein Durchlass oder Franklinstab
nicht Aschenbahn von Blitzen sein,
ich will hinaus aus diesem Grab,
hinaus aus Karies und Plaque –
ein Himmel-Ross mit Flügel sein!

Zwei Seelen wohnen ach

Den Zaubermantel, den
sich Heinrich wünschte für
die zweite Seele seiner Brust,
kreierten Gäas Kinder jüngst
und schweben in der Zwischenwelt
wie Akrobaten überm Zelt.

Befreit von klammernden Organen
im Traum-Gefilde unsrer Ahnen
bewegen sich jetzt Astronauten
wie Faustens Augen sie erschauten:
im konjunktiven Abendstrahl
mit Geistes Flügel über Tal
und Berge, Seen und Meere,
befreit von Erdenschwere.

Und das Gefühl, uns eingeboren,
„Hinauf und vorwärts immer!", ist
nun Möglichkeit und wahr geworden,
mit Daidalus als Maschinist.
Ja, Heinrich, du hast gut gestöhnt,
prophetisch dich ins All gelehnt.

Ikarus

Ich wollte immer schon
den eigenen Teig geformt
ins Feuer schieben.

Nicht die Sterne stechen
und die Monde produzieren
mit Zuckerguss und Zimt –
Ich war zu Höherem bestimmt.

Jetzt gib mich endlich frei
und spare deine Predigt!
Es zieht mich zu Apoll
wie brüderlich – good by!

Und er flog
dem Vater aus der Sicht
und keiner zog
den Stürmer aus der Gischt.

Nach vielen Ikarus-Versuchen
beweisen wir den Flug ins All.
Man kann bereits ein Ticket buchen
zur Urlaubsfahrt mit Überschall.

Der Mensch, der sich emanzipierte,
schaut jetzt nach neuen Gärten aus,
weil er den seinen arg lädierte,
zudem die Welt ums Brocken-Haus.

In seinen neuen Stahlmanschetten
erobert er den weiten Raum,
um über Monde wegzujetten
wie im Walpurgistraum.

Wird er dabei das Erddebakel
aus dem Weltraum besser sehn,
den Doppelsinn im Startorakel
auch reziprok verstehn?

Diese Frühgeburten im Orbit,
die noch an den Kabeln hängen,
sind wie Babys vor dem Schnitt,
den wir die Entbindung nennen:

Inkubatorflüchtige Probanten,
die im Nichts den ersten Schrei
üben und im Sprung der Quanten
lauern auf ein fälliges Trouvaille.

Cybernetisch maginär
fordern sie die Göttermär:
Die Geburt aus dem Gehirn
Jovis menschlich zu probiern.

Wenn es Götter gibt im All,
müssten sie den Sonderfall
der Globalen akzeptieren
als ein Schauspiel von den Ihren –

in dem Fundus ihrer Wunder
ist vielleicht noch eins darunter,
um die Föten an den Kabeln
ätherfreundlich abzunabeln.

Der Anfang ist gelungen

Es koppeln schon Geschosse
an Raum-Labor-Kolosse
zum freundlichen Besuch.

Gefesselte Gewalten
in Stahlmanschetten schalten
auf Zukunft im Versuch.

Vorbilder der Insekten
im Hochzeitflug erweckten
den Ikarus in spe.

Die Jets und die Raketen
begegnen sich mit Kletten
im polyglotten Dreh.

Mit Lichtgeschwindigkeit
zu schwarzen Löchern –
noch eine Runde vor dem Sog!

Im Astronautenrucksack
Kreationsgeschichten und
die Präparatensammlung
von Möglichexistenzen nach
transzendenten Grenzen.

Experimentgehirn im Raum,
geklont wie geostationär,
homunkuluserprobt und mehr.

Materie dehnt sich und
die Gase leuchten pro-
tuberanzenheftig auf,
bevor sie löschen im
wie feuerfeuchten Ufer
am Rand der Nacht.

Vorbei oder hinein, die Frage.
Im Kofferkokon pokert man.
Ein a priori ist die Lage
zum Neubeginn in der Spirale,
im komprimiertem Lichtfinale –

Man glaubt so gern,
der Mensch im All
vom Mond zum Mars
und weiter noch

von Stern zu Stern
sei liberal
und ohne Ars-
enal – doch er

im Paranoia-Trieb
verzichtet auf
Kanonen nicht
im tauben Vakuum.

Wie einst der Mann
aus Mancha hieb
auf Mühlen im Roman,
schiesst jener toll herum,

die Erde, die genügt ihm nicht,
kein Silber auf dem Mond
und auch kein Gold im Sonnenlicht
hat seinen Wahn geschont.

Noch nie gesehne Welten sind
des Ritters Kampf-Fanal,
im Waffenrock wird er gebeamt
zum Sternenkrieg ins All.

Gebe Gott (wenns auch unmöglich),
dass der Mensch mit seinem Plan
Mond- und Marsgebiete friedlich
waffenlos erobern kann,

dass zumindest Astronauten
als ein polyglottes Team
ausserirdisch ihre Bauten
ohne Zwist und Kampf beziehn.

Gebe Gott (wenns auch nicht möglich),
dass der Mensch im Raumprojekt
endlich frei wird von dem Bösen
das auf Erden in ihm steckt.

Selbst Unmögliches ist möglich,
wie ein Spruch von Goethe lehrt,
Astronauten grüssten täglich
Frieden aus dem Raumgefährt!

IV.

Wohnt am Mond schon ein Verwalter

Ich glaub, ich hab am Mond
schon einmal frei gewohnt,

im Mare Nubium gefischt,
am Ufer dann den Staub gewischt,

da war die Erde noch wie ein Gedicht
und ohne Akne im Gesicht.

Staub –
Imbissecke
für die Milben,

Viren-Reitross
und Amöben-Schlitten
im Asbest,

Bälle für Aiolos Kinder
regelwidrig
auf dem Mond

Raubspur
der Verwitterungen
Geifer, Geier
in den Lungen –

auch du
verklumpst,
wenn du ins
Wasser plumpst.

WAS WENN UNS DER MOND NICHT MAG?

Nach so vielen Illusionen
der Gefühle in Neuronen
unter deinem Strahl und Sog,
der mich zu dir aufwärts zog,

fürchte ich in dunklen Nächten
dein verborgenes Gesicht
wie Beklagte die Gerechten
im Prozess und vor Gericht.

Was beschliesst der Wunderbare,
abgekehrt im Sonnenwind,
widerscheinend im Talare,
für das somnambule Kind?

Sind wir bei dir aufgehoben
oder magst du uns nicht mehr?
Bleib uns gnädig, du da oben,
uns Lunatikern, oh Herr!

Wenn der Mond im Sonnenschein
bei Nacht im Orbit treibt,
denk ich an einen Sportverein,
der einen Preis ausschreibt:

Verlangt wird da ein Stadion,
das um sich selbst rotiert,
und rund herum die Aschenbahn
als Laufband hinmontiert.

Der Wettkampf dauert Tag und Nacht,
fast einen Monat lang,
als Staffellauf zu viert gedacht
mit Festzelt und Gesang.

Prämiert wird, wer das Stadion
im Kreisel überholt
auf der ovalen Extension
der Bahn, die selber rollt.

Inzwischen ist das Mondgesicht
am Himmel fast verdeckt
und zwinkert durch die Wolkenschicht
verschmitzt auf mein Projekt.

Mondolog

Was ist das für ein Ungeziefer,
das mich bestiehlt und mich beschaut –
hast du die Augen ihm gebaut?

Und die Gerätschaften der Schiffer,
die meinen Lauf um dich studieren,
mein Antlitz kratzen und verschmieren?

Behalt doch deine Kreaturen,
das Krebsgeschwür in deinem Wald!
Du solltest wie wir alle spuren:

Werd endlich kahl und kalt!
Äonenlang kreise ich schon
um deinen Pelz, die Atmosphäre,

dein lausig schillerndes Ozon,
das besser nie entstanden wäre.
Und dein Gewürm und dein Gekreuche,

das sich vermehrt wie eine Seuche,
baut wohl kometenstarke Flotten,
um übers Raumgesetz zu spotten!

Bei uns sonnigen Trabanten
gehörst du zu den arroganten,
pubertären scheinbar Frommen,
die sich auserwählt vorkommen.

MOND-GEDANKEN

Den Torkellauf und die Gezeiten,
den Schuppengrind im Angesicht,
den Bauch in dem noch Feuer streiten,
und deine Eitelkeit in Blau

durchstreifen jetzt mutierte Läuse
mit der Essenz aus deiner Haut
und Lichtmotoren im Gehäuse
mit neuen Augen überbaut.

Sie planen wohl erneut Attacken
auf meine stille Puderwelt,
dies Raumgeziefer deiner Schlacken,
das sich zu Götter-Tieren zählt.

Ich fürchte, diese Polyphagen
sind dir nicht endlich zugetan.
Se suchen ängstlich ein Behagen
wie Wandrer mit verlornem Plan.

Bald in diesem Raumzeitalter
wohnt am Mond schon ein Verwalter,
der vom Glashaus auf Parzellen
mit dem Schürfrecht für die Quellen
dort enthaltner Erze schaut,
wo man die Fabriken baut.

Vor den Rampen und den Hallen
heben Roboter mit Krallen
unter Staub in tiefen Gräben
Schätze für das reiche Leben,
und ein Shuttle-Omnibus
sorgt für den Betriebsnimbus.

Für die Gäste und Bewohner
gibt es ein Aquarium,
biologisch und mit Schoner
vor dem Licht im Vakuum.
Für die Kranken und die Toten
sind Projekte angeboten.

Denn die Wünsche der Globalen
gelten meist als letzten Reise
bei den Mondfahrtkommunalen.
Ein Gehäuse für die Greise
mit der Aufschrift: „Angekommen“
grüsst die auserwählten Frommen.

Einen Friedhof will man bauen,
den bei Vollmond auf der Erde
Hinterbliebene beschauen.
Trotz synodischer Beschwerde
wird die Mondfahrt schon Vision
einer Neuen Religion.

Im Welt-Kultur-Erbe-Büro Paris
trainieren schon die fittesten Experten
«Équilibre dans les Galaxies»,
seit sie von den Plänen hörten
einer somnambulen Sekte
für den Bau lunatischer Projekte

Soll der Mond so fortbestehen?
Von der Erde aus gesehen
mit den Bergen und den Maren,
dem vorausberechenbaren
Konterfei im Wechselspiel
von en face bis zum Profil?

Für lunatische Personen
ist der Neumond ein Problem
und oft Grund zu Depressionen.
Daher wird ein Lichtemblem
in dem Schatten installiert,
das den Frohsinn garantiert.

Dafür wird ins Nubium
in das Mare fürs lunare
somnambule Publikum
eine hohe, leuchtend klare
Konstruktion gestellt, die fern
sichtbar sein wird wie ein Stern.

Ob dabei das Seelen-Heim
(von Lunatikern geheim
aus Kunstglas und Silizium
schon hergestellt im Nubium)
vom Gremium zu prüfen sei,
stellt die UNESCO derzeit frei.

Vernissage auf Luna

Die somnambule Residenz
für globale Abstinenz
hat im Mare Nubium
Vernissage fürs Publikum:

Open Door auch für Globale!
Gratis Drinks und Lotterie
im Palast der Shuttle-Halle –
Infos über Google Psy.

Eine Mondnacht (14 Tage!)
Planetorama garantiert,
astronomisch beste Lage
von Experten expliziert!

Ihre Reise schon notiert?